Inhalt

Der Fredo-Effekt - wenn der Unternehmensnachfolger ein Nichtsnutz ist

Kernthesen

Beitrag

Fallbeispiele

Weiterführende Literatur

Impressum

Der Fredo-Effekt - wenn der Unternehmensnachfolge ein Nichtsnutz ist

Robert Reuter

Kernthesen

- Familienmitglieder in inhabergeführten Unternehmen, die ihre Position nur ihrer Verwandtschaft mit der Leitung verdanken, entpuppen sich nicht selten als Nichtsnutze.
- Die so genannten Fredos können durch Unfähigkeit und Selbstüberschätzung das ganze Unternehmen gefährden.
- Da sie zur Familie gehören, tun sich die Eltern oder andere Verwandte schwer damit, den Störer zu kritisieren oder gar zu disziplinieren.

- Um Fredos zu vermeiden, müssen Firmeninhaber die für Mitarbeiter geltenden Standards auch von ihrem eigenen Nachwuchs verlangen.

Beitrag

Risiko Unternehmensnachfolge

Jedes Jahr wappnen sich in Deutschland 22 000 Unternehmen für die Übergabe der Geschäftsführung an einen meist jüngeren Nachfolger. Obwohl mittlerweile bekannt ist, dass die Nachfolgeregelung eine gute Vorbereitung verlangt, bleibt die Übergabe in vielen Fällen ein riskantes Unterfangen. Die größten Gefahren gehen dabei meist von Familienpatriarchen aus, die nicht loslassen wollen und darum bis zuletzt am Ruder bleiben. Für einen reibungslosen Übergang der Geschäfte an einen Jüngeren ist es dann oft zu spät. Nach Expertenmeinung benötigt eine geordnete Übergabe etliche Jahre, in denen der Nachfolger Schritt für Schritt in seine neue Rolle hineinwachsen kann. Wenn dieser Übergabeprozess nicht früh genug in Gang gesetzt wird, kann es durchaus passieren, dass das Unternehmen in Schieflage gerät. (1), (2), (7)

Der Fredo-Effekt

Besonders große Risiken drohen, wenn der Familienunternehmer unbedingt das eigene Kind an die Spitze des Konzerns hieven will, obwohl der Nachkomme für die Aufgabe ungeeignet ist. Insbesondere im anglo-amerikanischen Raum hat sich hierfür die Bezeichnung Fredo-Effekt etabliert. Fredo Corleone ist im Film "Der Pate" der stümperhafte älteste Sohn des Paten, der seiner Unfähigkeit wegen bei der Nachfolge zum Familienoberhaupt übergangen wird. Hierdurch gekränkt, verrät Fredo Familienmitglieder an andere Mafia-Bosse und fügt seinem Clan damit schweren Schaden zu. Fredo kann sich mit seiner niedrigen Stellung in der Familienhierarchie nicht abfinden, obwohl er jeden Beweis der Eignung für verantwortungsvollere Aufgaben schuldig bleibt. Auch das Ende Fredos soll nicht verschwiegen werden: Da ihm sein jüngerer Bruder, der mittlerweile zum Paten aufgestiegen ist, wegen des früheren Verrats nicht mehr trauen kann, lässt er Fredo umbringen.

Der Fredo-Effekt beschreibt damit das Risikopotenzial für Familienunternehmen, das sowohl aus positiven wie negativen Eltern-Kind-Beziehungen resultieren kann. Dabei stellt sich der Fredo-Effekt in deutschen Familienunternehmen freilich oft anders herum dar als im erwähnten Film. Während Fredo zurecht von der Unternehmensnachfolge ausgeschlossen wird, werden Juniorchefs oft wider besseren Wissens auch dann noch verhätschelt und gelobt, wenn sie ihre Unfähigkeit schon längst bewiesen haben. Dabei ist es oft der unberechtigte positive Zuspruch des Familienoberhaupts, der beim Nachfolger die Tendenz zu dysfunktionalem Verhalten weiter verstärkt. Wenn Eltern und Verwandte den Junior trotz fehlender Leistungsbereitschaft weiter belohnen, steigen dessen Ansprüche oft immer weiter, ohne dass dem ein entsprechend positiver Beitrag zum Unternehmenserfolg gegenüberstünde. Da die so genannten Fredos ohne ihre Verbindung zur Familie gefeuert würden, hat ihre Anwesenheit überdies oft verheerende Folgen für das Betriebsklima und die Motivation der Mitarbeiter. Den Ergebnissen einer in Familienbetrieben vorgenommenen Umfrage zufolge treibt in 30 Prozent der Unternehmen ein Fredo sein Unwesen.

Schaden fügen die Fredos dem Unternehmen auf vielfältige Weise zu. Dabei treten sie meist selbstbewusst auf, haben eine überaus hohe Meinung von sich und kommen auch dann nicht ins Grübeln, wenn sie mit ihren Entscheidungen das Unternehmen vor die Wand fahren. Unternehmensschädigend wirken sie aber auch dann, wenn sie keine Führungsposition inne haben. Aufgrund der hohen

Meinung von sich selbst fordern sie viel Respekt ein und geraten dann oft mit den Mitarbeitern in Streit. Ein Übriges tut ihr Unvermögen, das noch dazu mit der Überzeugung einhergeht, klüger als alle anderen zu sein.

Versagen und Fehlleistungen von Kindern können jedoch bei den Eltern starke Schuldgefühle auslösen. Statt über Sanktionen nachzudenken, wird der Fredo also auch dann bestärkt, wenn er geschäftsschädigend wirkt. Die unheilvolle Spirale der stetigen Erzeugung dysfunktionalen Verhaltens nimmt damit ihren Lauf.

Die psychologischen Gründe dafür, dass Kinder zu Fredos werden, sind vielfältig. Die entscheidende Prägung hierfür findet, wie nicht anders zu erwarten, schon in der Kindheit statt. Um das Heranwachsen von Fredos zu verhindern, empfehlen die Experten eine autorative Erziehung, das heißt, das Kind soll ebenso viel Unterstützung wie Kontrolle erfahren. (3)

Was man tun kann

Schon alleine um das Unternehmen zu schützen, sollte der Fredo schnellstmöglich aus der Firma entfernt werden. Dieser sehr rationale Ratschlag stellt die Firmeninhaber allerdings vor eine schwierige Aufgabe. Sie müssen sich aus möglichen

Schuldgefühlen oder von dem Wunsch nach Familienkontinuität im Unternehmen erst lösen, bevor sie dem Schädling die rote Karte zeigen können. Die Probleme sind auch damit jedoch noch nicht gelöst, denn mancher von sich selbst so überzeugte Fredo wird seinen Rausschmiss durch weitere destruktive Aktionen zu rächen versuchen.

Frühzeitig lässt sich die vom unfähigen Firmenjunior ausgehende Gefahr bannen, indem das Familienunternehmen Mindeststandards für die Einstellung von Angehörigen festlegt. Wird ein Familienangehöriger ins Unternehmen genommen, sollten für ihn die gleichen Regeln gelten wie für die anderen Mitarbeiter. Dass es ungeheuer schwer sein kann, den eigenen Nachwuchs zu kritisieren, bleibt dabei das größte Problem. Wird man ihm wegen der bestehenden familiären Bindung nicht Herr, sollte man sich nicht scheuen, einen Coach oder einen erfahrenen Berater heranzuziehen. (3)

Trends

Patchworkfamilienbetriebe nehmen zu

Da die klassische Kernfamilie seltener wird, verändert

sich auch die Familienstruktur von inhabergeführten Unternehmen. Patchworkverhältnisse mit wechselnden Lebenspartnern, unehelichen Kindern und zusammengewürfelten Gemeinschaften sind heute die Regel und erschweren vielerorts die geordnete Unternehmensnachfolge, wenn sie innerhalb der Familie passieren soll. Allerdings gibt es auch positive Trends. So ist es heute viel öfter als früher nicht der Sohn, sondern die Tochter, die das Unternehmen vom Vater übernimmt. (4)

Familienunternehmen im War for Talents

Auch Familienunternehmen haben es zunehmend schwer, für freie Stellen qualifizierten Nachwuchs zu rekrutieren. Experten beobachten, dass inhabergeführte Firmen für die besten Köpfe oft nicht im Fokus stehen, wenn sie eine neue Beschäftigung suchen. Familienbetriebe sind damit besonders gefordert, Werbung in eigener Sache zu betreiben. Als Hindernis erweist es sich dabei, dass die Betriebe oft nur in ihren eigenen Regionen nach Nachwuchs Ausschau halten. (5)

Fallbeispiele

Starke Frau an der Spitze der Trumpf GmbH

Ein besonders gutes Beispiel für eine gelungene Unternehmensübergabe an die Tochter des Firmenchefs ist Michaela Leibinger-Kammüller. Die studierte Germanistin leitet die Trumpf GmbH, einen Weltmarktführer im Werkzeugmaschinenbau. Sie gilt als das Gesicht der neuen Weiblichkeit in der deutschen Wirtschaft. Den Vorsitz der Geschäftsführung hatte sie 2005 von ihrem Vater Berthold Leibinger übernommen. (8)

Geglückte Übergabe beim Fruchtsafthersteller Beckers Bester

Der niedersächsische Fruchtsafthersteller Beckers Bester GmbH hat den bereits 2010 eingeleiteten Generationswechsel erfolgreich vollendet. Nachfolger von Firmenchef Ernst Becker wird sein Neffe Sebastian Koeppel. Der 36-jährige Urenkel der Unternehmensgründerin Bertha Becker ist Betriebswirt und bereits seit 2004 in verschiedenen Führungspositionen im Unternehmen tätig. (6)

Weiterführende Literatur

(1) Die Suche nach dem Nachfolger: Risiko oder Chance?
aus Personalwirtschaft, Heft 09/2013, S. 74-75

(2) Nachfolger gesucht
aus DVZ, Nr. 46 vom 07.06.2013

(3) Vermeiden Sie den Fredo-Effekt
aus DVZ, Nr. 46 vom 07.06.2013

(4) Patchworkfamilienbetriebe
aus GDI Impuls Heft 3/2013, S. 30 - 37

(5) „Hidden Champions brauchen sich nicht verstecken"
aus Personalwirtschaft, Heft 09/2013, S. 30

(6) Staffelübergabe bei Fruchtsafthersteller Beckers Bester
aus werben & verkaufen Nr. 33 vom 12.08.2013, S. 60

(7) Rechtliche und steuerliche Besonderheiten
aus ChannelPartner.de, Meldung vom 06.08.2013

(8) Die Konsequente
aus Handelsblatt Nr. 055 vom 16.03.2012 Seite 71

Impressum

Der Fredo-Effekt - wenn der Unternehmensnachfolger ein Nichtsnutz ist

Bibliografische Information der deutschen Nationalbibliothek

Die Deutsche Nationalbibliothek verzeichnet diese Publikation in der deutschen Nationalbibliografie; detaillierte bibliografische Daten sind im Internet über http://dnb.d-nb.de abrufbar.

ISBN: 978-3-7379-0272-4

© 2015 GBI-Genios Deutsche Wirtschaftsdatenbank GmbH, Freischützstraße 96, 81927 München, www.genios.de

Alle Rechte vorbehalten. Dieses Werk ist einschließlich aller seiner Teile – z.B. Texte, Tabellen und Grafiken - urheberrechtlich geschützt. Jede Verwertung außerhalb der Grenzen des Urheberrechtsgesetzes bedarf der vorherigen Zustimmung des Verlags. Dies gilt insbesondere auch für auszugsweise Nachdrucke, fotomechanische

Vervielfältigungen (Fotokopie/Mikroskopie), Übersetzungen, Auswertungen durch Datenbanken oder ähnliche Einrichtungen und die Einspeicherung und Verarbeitung in elektronischen Systemen.